使徒的書簡

あわれみあるかたと、あわれな女

教皇フランシスコ

LETTERA APOSTOLICA

Misericordia et misera

カトリック中央協議会

LETTERA APOSTOLICA

Misericordia et misera

いつくしみの特別聖年を閉じるにあたり

フランシスコは、この使徒的書簡を読むすべての人にいつくしみと平和を祈ります。

「いつくしみと惨めさ」は聖アウグスティヌスが、姦通の場で捕らえられた女と会うイエスの話を詳述する際に使ったことばです（ヨハネ8・1―11参照）。罪人に触れるときの神の愛の神秘を表現するのに、これよりも美しく、あるいは適したものを想像することは難しいでしょう。「彼らのうちの二人だけが残った。惨めな女といつくしみ[1]」。何と偉大ないつくしみと神の正義がこの物語から輝き出ていることでしょう！　その教えは、いつくしみの特別聖年の閉幕に光を与えるだけでなく、わたしたちが未来に向けてたどるよう召されている小道を示します。

1　この福音書の箇所は、いつくしみにあふれた時である聖年で祝ったものを表すイコンとして当然使うことができるはずです。このいつくしみはわたしたちの共同体において、さらに祝われることと生きられることを求めています。いつくしみは実際、単に教会生活の中のエピソードとなってよいはずがありません。それは教会の存在そのものを構成するものであり、それにより福音の深い真理が明らかにされ、現実のものとなるのです。すべてのものがいつくしみにおいて明らかにされ、すべてのものが御父のいつくしみあふれる愛において解決されるのです。

一人の女とイエスが向き合います。彼女は姦通の女で、律法のもとでは、石殺しの刑を免れません。イエスは、その説教と、ご自分を十字架に導いた完全な自己譲渡を通して、モーセの律法をその純粋で本来の意図に戻します。その中心にあるのは、法律や法的正義ではなく、それぞれの人の心の中を読み取り、その奥に隠された願望を把握することのできる神の愛です。神への愛はすべてに超えて首位であるべきです。この福音の物語は、しかし、罪と裁きが抽象的な形で出会うものではなく、罪人と彼女の救い主の物語です。イエスはその女の目を見つめ、彼女の心を読み取ります。そこに、理解され、ゆるされ、自由にされたいという願望がありま す。罪による惨めさは、愛のいつくしみによって覆われました。イエスからの唯一の裁きは、この罪人の境遇へのいつくしみと同情に満ちたものでした。彼女への裁きと死刑を望んだ者たちには、イエスは長い沈黙をもってこたえます。彼の目的は、神の声をその女性だけでなく、彼女を糾弾する者たち、石を捨てて一人、また一人とその場から立ち去った者たちの良心に聞こえるようにすることでした（ヨハネ8・9参照）。それからイエスはいいます。「婦人よ、あの人たちはどこにいるのか。だれもあなたを罪に定めなかったのか。……わたしもあなたを罪に定めない。行きなさい。これからは、もう罪を犯してはならない」(同10―11節)。このようにしてイエスは、彼女が希望をもって未来を見つめ、人生をやり直すのを助けます。これからは、望むならば彼女は、「愛によって歩」(エフェソ5・2)むことができるのです。ひとたび愛を身にまとったならば、罪への傾きが残っていたとしても、もっと先を見つめさせ、これまでとは異なる人生を歩むことを可能にする愛によって、これは克服されます。

2　イエスは、これを他の機会に明白に教えています。それはファリサイ派のある人に食事に招待されたおりに、皆から罪人として知られている女性が彼に近づいたときでした(ルカ7・36―50参照)。彼女は香油をイエスの足に注ぎ、彼女の涙でイエスの足をぬらし、彼女の髪の毛でふきました(同37―38節参照)。あきれかえっているファリサイ人の反応に対してイエスはこたえます。「この人が多くの罪をゆるされたことは、わたしに示した愛の大きさで分かる。ゆるされることの少ない者は、愛することも少ない」(同47節)。

ゆるしは、御父の愛のもっとも目に見えるしるしです。それをイエスは、その全生涯を懸けて現そうとしました。ゆるしに達するまでのこの愛の命令を省くことができるようなページは、福音書にはありません。ご自分の地上での生活の最後の瞬間にあっても、十字架に釘《くぎ》づけられながら、イエスはゆるしのことばを口にしました。「父よ、彼らをおゆるしください。自分が何をしているのか知らないのです」（ルカ23・34）。

悔い改めた罪人が神のいつくしみよりも重んじるものは何もなく、神のゆるしを受け入れることなしに済まされるものはありえません。このためにこそ、わたしたちのだれもいつくしみに対して条件をつけることはできないのです。いつくしみはつねに、天の御父の無償の行為、無条件で、わたしたちの分に過ぎた愛です。それゆえわたしたちは、人間一人ひとりのいのちに入られる神の愛の、完全な自由に反する危険を冒してはならないのです。

いつくしみはこの愛の具体的な行為であり、ゆるすことによって、わたしたちのいのちを変容させ、変化させせます。このようにして、神のいつくしみの神秘は明らかにされます。神はいつくしみ深く（出エジプト34・6参照）、そのいつくしみはとこしえに続きます（詩編136参照）。いつの世も、ご自分に信頼する者をすべて受け入れ、これを変容させ、ご自分と同じいのちを与えます。

3　姦通の女と罪深い女、これら二人の女性の心に、どれほどの喜びがわき上がったことでしょう！　ゆるしは彼女たちに、かつてなかったほどの自由と幸せを感じさせました。恥ずかしさと痛みのあまりの涙は、自分が愛されていることを知った人のほほえみに変わります。いつくしみは喜びをかき立てます。なぜなら心が新たないのちへの希望に開かれるからです。ゆるしの喜びは口で言い表し尽くすことはできませんが、ゆるしを体験するつど、わたしたちは周囲にそれを輝かします。その源には愛があり、それとともに神がわたしたちにまみえようとなさいます。わたしたちを取り囲む自己中心主義の壁を突き破りながら、今度はわたしたちを、いつくしみの道具とならせます。

初代キリスト者を導いた古いことばが、この点についてわたしたちにも、なんと意味深いものとなることでしょうか。「喜びをあなた自身の身にまといなさい。それはつねに神に喜ばれ、受け入れられるものです。そしてそれを喜びなさい。喜びに満ちた者はすべて、よいことを行い、よいことを考え、そして悲しみをものともしません。……悲しみを払いのけ、喜びを身にまとう者は、神に生きるのです」[2]。いつくしみを体験することは、喜びをもたらします。わたしたちがこの喜びを、さまざまな苦悩や心配によって奪われませんように。わたしたちの心に深く根づいて、わたしたちがいつも落ち着いて日常の出来事に取り組めますように。

しばしば技術が支配する文化では、いろいろな悲しみと孤独感が人々に増大しているように見え、若者たちもその例外ではありません。未来は、確実性を得ることと両立しない不確実性に捕らわれたように思えます。このようにして、しばしば寂しさ、悲しみ、そして退屈感がわき上がり、徐々に絶望へと導かれます。人工の楽園で安易な幸福を約束する幻想を追い払うためには、わたしたちには希望と真の喜びのあかし人が必要です。多くの人が抱く深い空虚さの感情は、わたしたちが心に保つ希望と、それが与える喜びによって克服することができます。わたしたちは、いつくしみに触れられることによって心にわき上がる喜びを認める必要があります。それゆえ、使徒のことばを心に留めましょう。「主においてつねに喜びなさい」（フィリピ4・4。一テサロニケ5・16参照）。

4　わたしたちは中身の濃い一年、聖年を祝いました。この間、いつくしみの恵みが豊かに与えられました。激しくも心地よい風のように、主の善意といつくしみは世界全体に注がれました。わたしたち一人ひとりに届くほどの神の愛に満ちたまなざしを前にして、わたしたちは心を動かされずにはいられません。それがわたしたちのいのちを変えるからです。

わたしたちはまず、主に感謝をささげる必要を感じ、こう述べましょう。「主よ、あなたはご自分の地をお望みになり、……ご自分の民の罪をゆるしてくださいました」（詩編85・2―3）。

まさにこのとおりです。神はわたしたちの咎《とが》を抑え、わたしたちの罪を海の深みに投げ込まれました（ミカ7・19参照）。神はもはや、わたしたちのすべての罪を思い出されません。ご自分の後ろに投げ捨ててくださったからです（イザヤ38・17参照）。東が西から遠く隔てられているように、主はわたしたちの罪をわたしたちから遠ざけられました（詩編103・12参照）。

この聖なる年において、教会は注意深く聞くことを覚え、御父の存在と身近にあることを強く体験しました。御父は聖霊の働きによって、より明白にゆるしについてのイエス・キリストからのたまものと使命を教会に理解させました。これはまさに、主がわたしたちの間に新たに訪れてくださったからです。わたしたちは、そのかたのいのちを与える息が教会に吹き込まれるのを感じました。そして再びわたしたちの使命を示す彼のことばを感じました。「聖霊を受けなさい。だれの罪でも、あなたがたがゆるせば、その罪はゆるされる。だれの罪でも、あなたがたがゆるさなければ、ゆるされないまま残る」（ヨハネ20・22―23）。

5　この聖年の閉幕にあたり、今こそ未来を見つめ、喜びと忠実さと熱心さをもって、神からのいつくしみの豊かさの経験をどのように継続するかを理解する時です。わたしたちの共同体は新しい福音宣教のわざにおいて、生き、活動的であり続けることができるはずです。それは、いつくしみの刷新する力によって日々形づくられ、わたしたちが生きるよう召されている「司牧的な回心[3]」の尺度に従うでしょう。いつくしみの行為を制限しないようにしましょう。すべての人を救いの福音に至らせる新しい小道をつねに示してくれる霊を、悲しませないようにしましょう。

第一に、わたしたちはいつくしみを祝うように召されています。神をいつくしみ深い御父と呼ぶときに、どれほどの豊かさが教会の祈りの中に存在していることでしょう！　典礼において、いつくしみは繰り返して呼び起こされるだけではなく、実際に受けられ、生きられるものです。感謝の祭儀の初めから終わりまで、いつくしみは祈る会衆と、そのいつくしみ深い愛を注ぎ込むことを喜ばれる御父の心との間の対話につねに現れます。「主よ、あわれみたまえ」という、最初のゆるしの求めの後に、わたしたちはすぐに安心させられます。「全能の神がわたしたちをあわれみ、罪をゆるし、永遠のいのちに導いてくださいますように」。この信頼をもって共同体は、とくに復活の聖なる日に、主の現存の前に集まります。多くの集会祈願は、偉大ないつくしみのたまものを思い出させることを意図しています。たとえば四旬節には、わたしたちはこう祈ります。「信じる者の力である神よ、あなたは、祈り、節制、愛のわざによって、わたしたちが罪に打ち勝つことをお望みになります。弱さのために倒れて力を落とすわたしたちを、いつもあわれみをもって助け起こしてください」[4]。それからわたしたちは、もっとも大切な奉献文に入り、叙唱で次のように宣言します。「あなたはわたしたちを愛し、独り子を救い主として世にお遣わしになりました。御子は罪のほかはすべてにおいてわたしたちと同じものになりました」[5]。第四奉献文はさらに、神のいつくしみの賛歌です。「すべての人があなたを求めて見いだすことができるように、いつくしみの手を差し伸べられました」。「わたしたち（すべて）をあわれみ」[6]は、切実な願いであり、司祭は奉献文を、永遠のいのちにあずからせていただけるよう懇願して結びます。主の祈りの後、司祭は引き続き、平和と「あなたのあわれみに支えられ」ての罪からの解放を祈ります。授かったゆるしを思い、友情と相互の愛の表現として交わされる平和のあいさつの前に、司祭は新たに祈ります。「わたしたちの罪ではなく教会の信仰を顧み」[7]てください。これらのことばによって、つつましい信頼を込めて、わたしたちは一致と平和のたまものを聖にして母なる教会のために求めます。神のいつくしみの祝祭は、キリストの過越の神秘の記念である感謝のいけにえに頂点を迎え、そこからすべての人間、歴史、そして世界全体の救いがほとばしります。要するに、感謝の祭儀のすべての瞬間は、神のいつくしみに言及しているのです。

秘跡的生活のすべてにおいて、いつくしみはあふれるほどに与えられています。いやしと呼ばれる二つの秘跡、すなわちゆるしの秘跡と病者の塗油の秘跡の式文において、教会がいつくしみへの呼びかけを明白にしようと望んだのは意義のないことではありません。ゆるしの式文はこう述べます。「全能の神、あわれみ深い父は、御子キリストの死と復活によって世をご自分に立ち帰らせ、罪のゆるしのために聖霊を注がれました。神が教会の奉仕の務めを通して、あなたにゆるしと平和を与えてくださいますように[8]」。病者の塗油では「この聖なる塗油により、いつくしみ深い主・キリストが聖霊の恵みであなたを助け、罪から解放して、あなたを救い、起き上がらせてくださいますように[9]」と唱えます。教会の祈りにおけるいつくしみは、それゆえ、単に教訓的なものから遠く離れて、高度に遂行的であり、いわば、わたしたちが信仰をもって呼び求めるときにわたしたちに与えられるものです。わたしたちが生き生きと現実的に告白するときに、実際にわたしたちを変容させるものです。これがわたしたちの信仰の根本的な要素で、わたしたちはその本質すべてを心に保たなければなりません。罪が露わになる以前に、愛の啓示があり、これによって神は世界と人間を創造されたのです。愛とは、それによって神がご自身をわたしたちに知られるようにし、わたしたちに出会うために来られる最初の行為です。それゆえ、神から愛されることに心を開いておきましょう。神の愛は、わたしたちの罪にもかかわらず、いつもわたしたちに先んじており、わたしたちに同伴し、わたしたちの側にあります。

6　このような背景において、神のことばを聞くことは特別な意味合いをもちます。毎日曜日、神のことばはキリスト者共同体において、主の日が過越の神秘から発する光に照らされるために告げられます[10]。感謝の祭儀においては、神とその民との間の真の対話に、わたしたちが立ち会っているかのようです。聖書の朗読においては、神の疲れを知らぬいつくしみのわざの宣布を通して、わたしたちの救いの歴史が回想されます。神は今日もまた、わたしたちに伴い、わたしたちにいのちの小道を示すために、友人に対するようにわたしたちに語りかけ、わたしたちの間に住まわれます[11]。神のことばは、わたしたちの内奥の必要や心配事を代弁し、わたしたちが具体的に神の身近にあることを経験するために、実りある返答を与えます。いつくしみの偉大さを前にした信者の心を揺さぶるような「真理が美と善と結び合う」[12]説教は、どれほど重要でしょうか！　説教の準備と教話一般への配慮を、わたしは強く奨励します。司祭の教話は、主のいつくしみ深い善意を彼自身が体験するほどに、実り豊かなものとなるでしょう。神がわたしたちを愛してくださることの確実性を伝えるのは、雄弁術の実行ではなく、自己の祭司職の信頼性が条件なのです。それゆえ、自らいつくしみを体験することは、司牧の奉仕職において、それを慰めと回心についての真のメッセージとする王道です。説教とカテキズムの両方とも、つねにキリスト教生活のこの鼓動する心によって支えられる必要があります。

7　聖書は神のいつくしみのすばらしさを語る偉大な物語です。聖書のどのページにも、創造の瞬間から天地万物に、ご自分の愛のしるしを刻むことを望まれた御父の愛が染み込んでいます。預言書と知恵書のことばを通して、聖霊は、民の不忠実にもかかわらず注がれる神の優しさと、神が身近におられることを認知していくものとして、イスラエルの歴史を形づくります。イエスの生涯とその教話は、キリスト教共同体の歴史に決定的に刻み込まれます。共同体は、いつくしみとゆるしの永遠の道具となるようにとのキリストの命令を土台に、その使命を理解します（ヨハネ20・23参照）。聖なる書物を通して、教会の信仰によって生き生きと保たれ、主はその花嫁と語ることを続け、たどるべき小道を示します。それは救いの福音がすべての人に到達するためです。神のことばがますます祝われ、知られ、そして広められることを、わたしは望みます。それによって、いつくしみの泉から流れ出す愛の神秘がよりよく理解されうるためです。使徒はわたしたちにはっきりと語ります。「聖書はすべて神の霊の導きのもとに書かれ、人を教え、戒め、誤りを正し、義に導く訓練をするうえに有益です」（二テモテ3・16）。

すべてのキリスト者共同体が、特定の主日に、聖書を広め、学び、深める決意を新たにできたらよいでしょう。主とその民との間の対話から生まれ出る、くみ尽くすことのできない豊かさを理解するための、全面的に神のことばにささげられた主日です。創造的な企画によってこの機会は、信者がみことばを伝達する生きている器となることの助けとなるでしょう。この種の企画には、確かに霊的読書《レクチオ・ディヴィナ》が広く実践されることが含まれます。それは聖なるテキストを祈りとともに読むことによって、霊的生活が支えられ、強められるためです。いつくしみのテーマに焦点を当てた霊的読書《レクチオ・ディヴィナ》は、教会の霊的伝統全体の光のもとで読まれた聖なるテキストから、どれほど多くの実り豊かさが得られるかを実感できるようにし、必然的に具体的な愛の行為と事業に導きます。(13)

8　いつくしみの祝いは、ゆるしの秘跡において格別に行われます。このときにこそわたしたちは、ご自分の子とする恵みを新たに戻すために、わたしたちのほうに向かって来られる御父の抱擁を感じます。わたしたちは罪人であり、自分の望むことと、実際に行っていることとの矛盾の重荷を抱えています（ローマ7・14―21参照）。しかし、恵みはつねにわたしたちに先んじ、いつくしみの顔を取り、和解とゆるしの結果を生みます。まさに罪人であるわたしたちに、神はご自分のはかりしれない愛を悟らせます。恵みは罪よりも強く、起こりうるすべての抵抗を乗り越えます。それは愛がすべてに打ち勝つからです（一コリント13・7参照）。

ゆるしの秘跡において、神はご自分へ立ち戻る道を示し、神が身近におられることを新たに体験するよう招きます。それは、まずもって愛を生きることによって得ることのできるゆるしです。使徒ペトロは、「愛は多くの罪を覆うからです」（一ペトロ4・8）と述べてこれを教えています。神だけが罪をおゆるしになります。けれども神は、神がわたしたちをおゆるしになるように、わたしたちも他者をゆるす心構えができていることをお求めになります。「わたしたちの負い目をゆるしてください、わたしたちも自分に負い目のある人をゆるしましたように」（マタイ6・12）。わたしたち自身が、自らを閉じてしまい、ゆるすことができないならば、なんと悲しいことでしょう！　優位に立つこと、恨むこと、怒ること、報復することは、わたしたちの人生を惨めなものとし、いつくしみへの喜ばしい掛かり合いを阻害します。

9　聖年において教会が大きな効果を見た恵みの経験の一つに、いつくしみの宣教者の奉仕が間違いなくありました。彼らの司牧的活動は、悔いる心をもってご自分を探す者に対して、神が何らの妨げも置かれないことを強調することにありました。それはすべての人に対して父親のように、歩み寄るかただからです。ゆるしの秘跡において主との出会いを新たにした人からの、多くの喜びの証言をわたしは受けました。和解の経験と同じく、わたしたちの信仰を生きる機会を失わないようにしましょう。使徒は今日もなお、「神と和解させていただきなさい」（二コリント5・20）とわたしたちを招きます。それは、信じるすべての者が、わたしたちを「新しく創造された者」（二コリント5・17）とする愛の力を発見できるようになるためです。

すべてのいつくしみの宣教者たちに、ゆるしの恵みを有効にするその貴重な働きに対して、わたしの感謝の念を表したいと思います。この特別な務めは、聖年の閉幕によって終わるものではありません。新たな措置がとられるまで、聖年の恵みが世界各地で生き続ける具体的なしるしとして、これがとどまることを望みます。この間におけるいつくしみの宣教者に対するわたしの関心と身近にあることの直接的表現として、教皇庁新福音化推進評議会が彼らを配慮し、この尊い務めの執行に最適の形態を探すことになります。

10 わたしは司祭たちに、まさに司祭の使命であるゆるしの役務のために、注意深く準備するよう再びお願いします。皆さんの奉仕に心から感謝し、また、皆さんがすべての者を迎え入れ、どれほど重大な罪であろうともゆるす父親的な優しさの証人となり、悔悛者が犯した悪を反省するのを思いやりをもって助け、倫理上の原則を明らかに示し、悔い改めへの歩みに忍耐強く信者に伴うことに快く応じ、それぞれの場合の先を見て賢明に識別し、神のゆるしを与えるうえで寛大であるようにお願いします。姦通の場で捕らえられた女性を死刑から救うためにイエスが沈黙を守ったように、告白の場における司祭もまた、寛大であるべきです。それは、すべての悔悛者に、司祭自身もまた同じ状態にあることを思い出させるためです。すなわち、罪人でありながら、同時に、いつくしみの奉仕者であるということです。

11　わたしたち皆で、使徒がその生涯の終わりに書いたことばを黙想したいと思います。それはテモテに、自分が一番の罪人であると告白したときのものです。「しかし、わたしがあわれみを受けたのは、このためでした」（一テモテ1・16）。パウロのことばは、わたしたちも自分の生活を反省し、わたしたちの心を変え、回心させ、変容させる神のいつくしみのわざを見るようかき立てるほど、あふれんばかりの強さをもっています。「わたしを強くしてくださった、わたしたちの主キリスト・イエスに感謝しています。このかたが、わたしを忠実な者とみなして務めに就かせてくださったからです。以前、わたしは神を冒瀆する者、迫害する者、暴力を振るう者でしたが、……あわれみを受けました」（一テモテ・12―13）。

司牧への熱意を新たにして、使徒のもう一つのことばを思い出しましょう。「神は、キリストを通してわたしたちをご自分と和解させ、また、和解のために奉仕する任務をわたしたちにお授けになりました」（二コリント5・18）。この務めの観点からすると、わたしたちは最初にゆるされた者で、神のゆるしの普遍性をまずもってあかしするように立てられた者です。自分が犯した過ちを認め、最初からやり直そうと決心して、ご自分のもとに戻る息子を再び抱き締めようとする神を、どのような法律もおきても妨げることはできません。単に法律の次元にとどまることは、信仰と神のいつくしみを無用にするだけです。法律には養育係のような価値があり（ガラテヤ3・24参照）、目指すところは愛です（一テモテ1・5参照）。しかし、キリスト者は福音の新しさ、「キリスト・イエスによっていのちをもたらす霊の法則」（ローマ8・2）を生きるように召されています。規則のみに由来する正義を適用しようとする誘惑のある、もっとも複雑な事案においても、神の恵みから流れ出る力をわたしたちは信じなければなりません。

わたしたち聴罪司祭は、わたしたちの目の前で、多くの回心が表明されるのを経験しています。それゆえわたしたちは、悔悛者の心の奥底にまで届き、ゆるしを与える御父の親しさと優しさを彼らが見いだすことができるような、態度とことばに責任があります。悔悛者が求めているいつくしみの経験と矛盾するような態度で振る舞うことによって、そのような機会を逃さないようにしましょう。むしろ、個人の良心の領域を、神の無限の愛で照らす助けとなりましょう（一ヨハネ3・20参照）。

ゆるしの秘跡は、キリスト教生活において、その中心の位置を取り戻す必要があります。これは、真摯に悔い改める者がだれも、彼の立ち戻りを待つ御父の愛に近づくのを妨げられないようにする一方で、すべての者にゆるしの解放する力を経験する機会が提供されるように、司祭に自分たちの生活を「和解のために奉仕」（二コリント5・18）することにささげるよう求めます。

これに好適な機会は、四旬節第四主日の近くに行われる祭儀、「主にささげる二十四時間」かもしれません。この企画は、すでに多くの教区で行われていますが、ゆるしの秘跡により熱心にあずかるための強い司牧的呼びかけとして位置します。

12　この要請に基づき、和解の求めと神からのゆるしの間にどのような障害も生じさせないために、わたしは以後、すべての司祭に対して、彼らの職務に基づき、堕胎の罪を生じさせた者をゆるす権限を与えます。これにより、聖年の期間に限定して授与したこの権限は[14]、これに反するいかなる定めがあろうとも、これからも延長されます。わたしはすべての力を込めて、堕胎が重大な罪であることを再確認したいと思います。それはまったく罪のないいのちを終わらせてしまうからです。しかし、御父との和解を求める痛悔者の心に出会ったときに、神のいつくしみが到達できず、ぬぐい去ることのできないような、どのような罪も存在しないことを、わたしは同じ力を込めて断言することができ、また、そうしなければなりません。それゆえ、すべての司祭が、この特別な和解の旅路において、悔悛者の道案内、支え、そして慰めとなりますように。

聖年においてわたしは、聖ピオ十世会の司祭が職務を執行する教会に、さまざまな理由から通う信者に対して、有効的かつ合法的に、彼らの罪への秘跡的なゆるしを受ける許可を与えました[15]。これらの信者の司牧的善益のために、また、神の助けにより、カトリック教会における十全の交わりを回復しようとする彼らの司祭の善意に信頼して、わたしの個人的な決定によって、この権限が聖年の期間を超えて、この点に関するさらなる規定が作られるまで、延長されることを定めます。それは教会のゆるしを通した和解の秘跡的しるしが、だれにも欠けることがないためです。

13　いつくしみは慰めの顔も備えています。「慰めよ、わたしの民を慰めよ」（イザヤ40・1）。

これは、苦しみと痛みに耐えているすべての者に希望のことばを届けるために、預言者が今日も続ける心からの嘆願です。復活した主への信仰から生まれる希望を、決して奪われないようにしましょう。しばしば、わたしたちが厳しい試練に遭遇するのは確かですが、主がわたしたちを愛しているとの確信を決して失ってはなりません。神のいつくしみは、多くの兄弟や姉妹が、悲しみや苦悩の日が襲ってきたときに差し出してくれる、親しさ、愛情、支えのうちにも表されます。涙をぬぐうのは、わたしたちがしばしば陥る孤独の悪循環を打ち破る一つの具体的な行動です。

だれも、苦しみや苦痛、無理解から逃れられない以上、わたしたちのすべてが慰めを必要としています。妬《ねた》みやそねみ、怒りから生まれた意地悪いことばが、どれほどの痛みをもたらすことでしょう！　裏切りや暴力、遺棄の経験が、どれほどの苦しみをもたらすことでしょう！　愛する者の死に直面すれば、どれほど悲しいことでしょう！　それでも、これらの悲しみや困難のときにも、神は決してわたしたちから遠くにおられるのではありません。元気づける一つのことば、理解されていると感じさせる一つの抱擁、愛を察知させる一つの愛撫、より強く生きさせる一つの祈りなど、これらのすべては、兄弟たちの慰めを通した、神が身近におられることの表現です。

時には、沈黙もまた、大きな助けとなることができます。とくに、苦しんでいる者からの問いに答えることばを、わたしたちが見いだせないときです。しかし、ことばがかけられないときは、一緒にいて、近づき、愛し、そして手を差し伸べる人の同情が、これを補うことができます。沈黙が、負けたことのしるしであるというのは本当ではありません。反対に、力強さと愛の瞬間です。沈黙もまた、わたしたちの慰めの言語に属しています。なぜならそれは、兄弟あるいは姉妹の苦しみを分かち合う、具体的なわざとなるからです。

14　家庭内のものを含む多くの危機のあるわたしたちの時代にあって、力を与える慰めのことばが家庭に届くことが重要です。婚姻のたまものは、偉大な召命であり、キリストの恵みにおいて、寛容で忠実、忍耐強い愛をもってこたえるものです。家庭の美しさは、多くの難解さや他の選択肢があろうとも、変わることなく存続します。「家庭によって味わわれる愛の喜びは、教会にとっても喜びです」(16)。一人の男と一人の女が互いに出会い、愛し合い、神の前で永遠の忠誠を約束する生涯の旅路は、しばしば苦難や裏切り、孤独によって中断されます。子どものたまものによる喜びには、子どもの成長や教育や、熱心に生きるに値する将来についての親の懸念が伴います。

婚姻の秘跡の恵みは、家庭がいつくしみを生きる優れた場となるよう強めるだけではなく、キリスト者共同体に、そしてすべての司牧活動に、家庭がもつ大きな積極的価値を浮かび上がらせます。この聖年においては、家庭が抱える現今の複雑さを見過ごすことはできません。いつくしみの体験は、すべての人間的問題を、受け入れたり同伴することに決して疲れない、神の愛の見地から見つめることを、わたしたちに可能にしてくれます。(17)

それぞれの人が、他の人とその人とを区別する、固有の歴史の豊かさと重荷を担っていることを忘れてはなりません。わたしたちの生涯は、その喜びと苦しみとともに、神のいつくしみのまなざしのもとで流れる、どこかユニークで、二つとないものです。これは、とくに司祭たちに、慎重で深い、先を見据えた霊的識別を要求します。それは、例外なくすべての人が、どのような状況に生きていようとも、神から受け入れられている実感を覚え、共同体生活に積極的に参加し、正義と愛、ゆるしといつくしみの神の国の完成に向けて、疲れを知らぬ旅をする神の民の一員になれるようにするためです。

15　臨終の時は、格別な重要性を帯びています。教会はこの劇的な移行をつねに、来るべき生への確かな道を開いたイエス・キリストの復活の光の下で見てきました。しかし、受け止めなければならない重大な課題が、とくに現代文化にはあります。現代文化はしばしば、死を陳腐なものとし、単なる絵空事にしてしまうか、あるいは隠してしまうまでになります。それでも死に向き合わなければならず、痛ましくても逃れられないものですが、同時にはかりしれないほどの意味のある移行として準備されなければなりません。それは残される人への愛、そして、これから向かっていく神への愛の最終的行為だからです。すべての宗教において臨終は、誕生の時と同じように、宗教的存在に伴われます。キリスト者としてわたしたちは、死者の霊魂のため、そして愛する人からの別離に悲しむ人々に慰めを与えるために、葬儀を希望に満たされた祈りとして挙行します。

生き生きとした信仰に満ちた司牧活動において、どれほど典礼的しるしとわたしたちの祈りが、主のいつくしみの表現となっているかを直接に確かめる必要があるとわたしは確信しています。何もだれもわたしたちをキリストの愛から引き離すことができない以上（ローマ8・35参照）、希望のことばを与えるのは主ご自身です。司祭がこの時を共有することは、弱さと孤独、不安と悲嘆の時に、キリスト者共同体が身近にあることを味わわせてくれることから、重要な同伴となります。

16　今や聖年が閉幕し、聖なる扉は閉ざされます。しかし、わたしたちの心にあるいつくしみの扉は、大きく開かれたままです。神がわたしたちに身をかがめて（ホセア11・4参照）くださることを学びました。それは、わたしたちもまた、神をまねて、兄弟姉妹に対して身をかがめられるようになるためです。多くの人が抱く、帰りを待ち望んでいる御父の家に戻ろうと誘う郷愁は、神の優しさについての誠実で寛容な証言からもかき立てられます。この聖年にわたしたちがくぐった聖なる扉は、わたしたちが忠実さと喜びをもって日々たどるように召された愛徳の道に、わたしたちを導き入れました。これはいつくしみの道であり、その途上で、だれかに一緒に歩んでくれるよう手を伸ばす、多くの兄弟姉妹に出会わせてくれる道です。

イエスの間近にあることへの願望は、兄弟たちの隣人となることを求めます。なぜなら、具体的ないつくしみのしるし以上に御父に喜ばれるものはないからです。その本質自体からいつくしみは、具体的で活動的な行為において、見えるもの触れることのできるものとなります。ひとたびいつくしみの本当の姿に触れたならば、後戻りすることはありません。それは絶え間なく成長し、わたしたちの人生を変えます。それは新しい心、精いっぱい愛すること、より隠れた必要をも見分けるよう目を清めてくれる、本物の新たな創造です。教会が復活徹夜祭で、創造物語の朗読の後に祈ることばは、本当に真実です。「聖なる父よ、あなたは人間を優れた方法でお造りになりましたが、さらに優れた方法であがなってくださいました」[18]。

いつくしみは二つの心、すなわち人間の心とそこに来てくださる神の心との出会いであるため、人の心を新たにし、あがないます。人の心は、神の心によって、温められいやされます。わたしたちの石の心は肉の心に変容され（エゼキエル36・26参照）、その罪深さにもかかわらず愛することができるようになります。わたしは自分がまさに「新しく創造されること」（ガラテヤ6・15参照）を知るに至りました。わたしは愛されたからこそ、わたしは存在する、わたしはゆるされたからこそ、新たな生に再生する、わたしはいつくしみを受けたからこそ、いつくしみの道具となるのです。

17　聖年の期間中、とりわけ「いつくしみの金曜日」には、世界中に存在する善を自分で確かめることができました。それは、控え目で無言のうちに、日常的に行われるために、しばしば知られることがありません。ニュースで報じられることはめったになくとも、多くの具体的な善意や優しさの行為が、弱い者や傷つきやすい者、もっとも孤独で見捨てられた者に示されています。そこには、貧しい人々や不幸な人々への変わらぬ連帯を示している、愛徳の真の主役が存在します。傷ついた人間性の弱さを前にして隣人となる喜びを見いだすようわたしたちを招く、これらの貴重なたまもののゆえに主に感謝しましょう。神の現存と身近にいてくださることを示すために、毎日自分の時間と骨折りをささげている多くのボランティアのことを、わたしは感謝の念をもって考えています。彼らの奉仕は真のいつくしみのわざであり、多くの人々が教会に近づくのを助けています。

18　今や、恵みの実りである多くの新しい事業を生み出すために、いつくしみの創造性を解放する時です。教会は今日、イエスが行われた聖書には「書かれていない」、「多くのしるし」（ヨハネ20・30）を語る必要があります。それは、それらもまた、キリストの愛と、彼によって生きる共同体の、実り豊かな表現となるためです。二千年以上が経過しました。でも、いつくしみのわざは続いており、神のいつくしみ深い愛を見えるものとしています。

現代でもなお、民全体が飢えと渇きに苦しんでおり、食べ物がない子どもたちの面影が、わたしたちの脳裏から離れません。食べ物や仕事、家や平和を求めて、膨大な数の人々が一つの国から他の国へと移住し続けています。さまざまな種類の病気は、援助と慰めと支援を要する苦しみの、常なる原因です。刑務所では、非人間的な生活環境のために、時に深刻な虐待を伴う拘束状態に置かれることもあります。非就学の問題はいまだに広範囲に存在しており、子どもたちが教養を身に着けるのを妨げ、彼らを新しい形態の奴隷となる危険にさらします。極端な個人主義の文化は、とくに西方において、他者に対する連帯感と責任感の喪失をもたらしています。今日、多くの人には神ご自身と出会う経験がなく、これが重大な貧しさと、人間のいのちがもつ不可侵の尊厳が認識されるうえでの主要な障害を象徴しています。

要するに、今日に至るまで、身体的な慈善のわざと精神的な慈善のわざは、社会的意義として、いつくしみの広大で積極的な影響力の証明となっています。いつくしみはわたしたちを、何百万もの人々の尊厳を取り戻すために腕まくりをするようせきたてます。その人々はわたしたちの兄弟姉妹であり、わたしたちとともに「信頼の置ける都」(19)を築くよう召されているのです。

19　この聖年の間に、いつくしみの多くの具体的なしるしが表されました。共同体や家庭、そして信者個々人が、分かち合いの喜びや、連帯のすばらしさを再発見しました。しかし、これで十分ではありません。世界は人間の尊厳を侵害する、新しい形態の霊的・物的貧しさを創り出し続けています。このため、教会はつねに注意深くあり、素早く新しいいつくしみのわざを見いだす用意が整っていて、それを寛容さと熱心さをもって実行しなければなりません。

愛徳に具体的な形を与え、同時にいつくしみのわざに賢明さを与えるために、すべての努力をいたしましょう。いつくしみは包容的な働きをもち、これにより、いわば野火のように広がり、限界を知りません。この意味でわたしたちは、伝統的ないつくしみのわざに、新たな表現を与えるように召されているのです。いつくしみは事実、範囲を超えてあふれだし、つねに前に進み、豊かな実を結びます。それは、練り粉全体を膨らませるパン種のようであり（マタイ13・33参照）、また大木にまで成長する一粒のからし種のようでもあります（ルカ13・19参照）。

例証のために、「裸の人に服を着せる」（マタイ25・36、38、43、44参照）という身体的な慈善のわざを考えてみましょう。この話はわたしたちを原初の時代、エデンの園に連れ戻します。そのとき、アダムとエバは裸であることに気づき、主が近づいて来られる足音を聞いて、恥ずかしさのあまり隠れました（創世記3・7―8参照）。わたしたちは、神が彼らを罰せられたのを知っていますが、それでも神は、「アダムと女に皮の衣を作って着せられた」（創世記3・21）のです。恥は覆い隠され、彼らの尊厳は回復されました。

カルワリオでのイエスについても考えてみましょう。神の子は裸で十字架につけられています。兵士たちは彼の下着を取り、くじ引きにしました（ヨハネ19・23―24参照）。彼には何も残されませんでした。十字架は、生活必需品にも事欠いて尊厳を失った人々の境遇を、イエスが分かち合ったことの究極の啓示です。教会が「キリストの下着」[20]となり、もう一度その主にお着せするために召されているように、教会は地上の裸の人々と連帯することを義務づけられています。それは、彼らがはぎ取られていた尊厳を取り戻すのを助けるためです。「裸のときに着せてくれた」（マタイ25・36）とのイエスのことばは、人々に尊厳のある生活を妨げている新しいかたちの貧困から、わたしたちが顔を背けることのないようにしてくれます。

仕事をもたなかったり、公正な給与をもらえなかったり、家や住むための土地をもつことができなかったり、信仰や人種、社会的身分のゆえに差別を受けたり――。これらは、人間の尊厳を侵害する多くの状況からすれば、ほんのわずかな例です。このような状況に対して、キリスト者のいつくしみはまず、監視と連帯でこたえます。今日、人々に尊厳を取り戻し、人間的な生活を可能にすることのできる状況がどれほど多くあることでしょう！　さまざまなたぐいの暴力に苦しみ、生きる喜びを奪われている多くの子どもたちのことを第一に考えてみましょう。彼らの悲しげで困惑しきった顔が、わたしの脳裏に焼きついています。その顔は、現代の奴隷制度から解放されたいと、わたしたちの助けを求めています。これらの子どもたちは明日を担う若者です。わたしたちはどのようにして、彼らが尊厳と責任をもって生きるために準備しているでしょうか。彼らはどのような希望をもって、自分たちの現在と将来に取り組めるでしょうか。

いつくしみの社会的性格は、わたしたちが何もせず、手をこまねいていないで、無関心と偽善を払いのけることを要請します。それは、計画や企画を死んだ文字にさせないためです。彼らのために正義と尊厳ある生活を望むことが、お決まりの文言にとどまることなく、神の国の現存をあかしする人の具体的な取り組みとなるよう、わたしたちが行動的に、また私心なく貢献するために、つねに備えるのを聖霊が助けてくださいますように。

20 他者との出会いの再発見に基づいたいつくしみの文化を促進するように、わたしたちは召されています。それは、だれも兄弟の苦しみに無関心だったり、顔を背けることのない、他者を気遣う文化です。「いつくしみのわざは『手仕事』のようなものです」。そのどれも他の人のわざと同じではありません。わたしたちの手は、何千もの表現で形づくることができます。それゆえ、たとえ唯一の神がそれらの着想を与えたとしても、また、それらのすべてが同じ「材料」、すなわちいつくしみから作られたとしても、それぞれが異なる形を取ります。

いつくしみのわざは、実際、人のいのち全体に影響を与えます。それゆえ、わたしたちは、心と身体、つまり人のいのちに触れることのできる簡単なしぐさから始まって、新たな文化的革命を起こすことができます。これは、問題にかかわることなく快適な生活を送るために、無関心と個人主義に逃れようとする誘惑を捨て去るようにと、主のことばがたえず呼びかけていることに気づいて、キリスト者共同体が担うべき責務なのです。イエスは弟子たちに仰せになりました。「貧しい人々はいつもあなたがたと一緒にいる」（ヨハネ12・8）。イエスがご自分を彼らの一人ひとりと同じであるとされた以上、かかわらないことを正当化する言い訳は、どこにもありません。

いつくしみの文化は、熱心な祈りや聖霊の働きの素直な受容、聖人たちの生き方を詳しく知ることや、貧しい人々の近くにあることで形をとります。それは、かかわりが求められている状況を、わたしたちが見過ごさないように迫ります。「いつくしみの理論化」の誘惑は、参与と分かち合いが、わたしたちの日常生活の一部となる程度に応じて克服されます。また、使徒パウロが、彼の回心の後の、ペトロ、ヤコブ、ヨハネとの出会いについて述べていることを決して忘れてはなりません。彼のことばは、彼自身の使命と、キリスト者の生活全般の本質的な側面を際立たせています。「ただ、わたしたちが貧しい人たちのことを忘れないようにとのことでしたが、これは、ちょうどわたしも心がけてきた点です」（ガラテヤ2・10）。貧しい人々のことを忘れないようにとは、今日ほど強く指示されることはなく、その福音的な根拠から命じられる要請です。

21　聖年の経験は、わたしたちに使徒ペトロのことばを刻みつけます。「あなたがたは、かつてあわれみを受けなかったが、今はあわれみを受けている」（一ペトロ2・10）。わたしたちが受けたものを、ただわたしたち自身のためだけにしないで、それを苦しんでいる兄弟たちと分かち合うことを覚えましょう。彼らが御父のいつくしみの力によって支えられるようになるためです。わたしたちの共同体が、自分たちの世界に閉じこもっているすべての人に開かれることができますように。信じる者のあかしを通して、神の愛撫をすべての人が受けるためです。「今はいつくしみの時です」。日ごとにわたしたちの道のりには、神の現存が刻まれます。神は、わたしたちの心を形づくり、愛することができるように聖霊が注ぎ込む恵みの力によって、わたしたちの足取りを導きます。すべての人、そしておのおのの人にとって、「今はいつくしみの時です」。神の身近さと、神の優しい愛の力から切り離されていると考えることができる人などいないからです。「今はいつくしみの時です」。弱い人や傷つけられやすい人、隔てられている人や孤独な人が、彼らの必要を助けてくれる兄弟姉妹の存在を感じることができるからです。「今はいつくしみの時です」。無関心を乗り越え、いのちに本質的なことを見いだした人が、自分たちを尊敬の念をもって注意深く見てくれていると、貧しい人々が感じるはずだからです。「今はいつくしみの時です」。罪人のだれもゆるしを願うことに疲れず、つねに迎えて抱き締めてくれる御父のみ手を感じることができるからです。

世界中のすべての司教座聖堂と巡礼所のいつくしみの聖なる扉が閉じられましたが、「社会的に排除された者の聖年」ということを下地に、この特別聖年のもう一つの具体的しるしとして、教会全体において年間第三十三主日に、「世界貧しい人々の日」を祝うべきだと感じました。万物の王である主イエス・キリストの祭日への、もっともふさわしい準備となるでしょう。なぜなら、キリストは、ご自分を小さい者や貧しい者と等しい者とみなし、いつくしみのわざについて、わたしたちを裁かれるからです（マタイ25・31—46参照）。それは、共同体と洗礼を受けている者それぞれが、どれほど貧しさが福音の中心にあるか、そして、わたしたちの家の戸口にラザロが横たわっているかぎり（ルカ16・19—21参照）、わたしたちに正義も社会的平和もありえないことを反省するのを助ける日となるでしょう。この日はまた、新しい福音宣教（マタイ11・5参照）の本来の形を提示する日となるでしょう。新しい福音宣教によって教会の顔は、いつくしみのあかしのための、絶えざる司牧的回心の活動において新たにされます。

22　神の御母は、いつくしみのまなざしをもって、いつもわたしたちを見つめておられます。このかたは、最初に愛のあかしへの道を開き、わたしたちがあかしするときに同伴してくださいます。たびたび芸術作品で表現されるように、いつくしみの御母は、そのマントの保護のもとにすべての者を集めます。彼女の母なる助けに信頼し、神のいつくしみの輝くみ顔であるイエスを見つめるようにとの、彼女の絶えざる勧めに従いましょう。

ローマ、聖ペトロの傍らにて

二〇一六年（教皇在位第四年）十一月二十日
王であるキリストの祭日

フランシスコ

注

（1）聖アウグスティヌス『ヨハネ福音書注解』（*In Iohannis evangelium tractatus* 33, 5）。
（2）『ヘルマスの牧者』（*Pastor Hermae*, XLII, 1-4）。
（3）教皇フランシスコ使徒的勧告『福音の喜び』27（*Evangelii gaudium*）参照。
（4）『ローマ・ミサ典礼書』四旬節第三主日の集会祈願。
（5）同、年間主日の叙唱（七）。
（6）同、第二奉献文。
（7）同、交わりの儀。
（8）カトリック儀式書『ゆるしの秘跡』45。
（9）カトリック儀式書『病者の塗油』76。
（10）第二バチカン公会議『典礼憲章』106（*Sacrosanctum Concilium*）。
（11）同『神の啓示に関する教義憲章』2（*Dei Verbum*）。
（12）教皇フランシスコ使徒的勧告『福音の喜び』142。
（13）教皇ベネディクト十六世使徒的勧告『主のことば』86―87（*Verbum Domini*）参照。
（14）「いつくしみの特別聖年に際して信者に与えられる特別免償に関する書簡（二〇一五年九月一日）」参照。
（15）同参照。
（16）教皇フランシスコ使徒的勧告『愛の喜び』1（*Amoris Laetitia*）。
（17）同291―300参照。

(18) 『ローマ・ミサ典礼書』復活徹夜祭、第一朗読後の祈願。

(19) 教皇フランシスコ回勅『信仰の光』50（*Lumen fidei*）。

(20) チプリアノ『カトリック教会統一論』（*De unitate ecclesiae catholicae*, 7）参照。

使徒的書簡　あわれみあるかたと、あわれな女

2017年2月3日 発行　　日本カトリック司教協議会認可

著　者　教皇フランシスコ
訳　者　濱 田　了
発　行　カトリック中央協議会
〒135-8585 東京都江東区潮見2-10-10 日本カトリック会館内
☎03-5632-4411(代表)

印　刷　モリモト印刷株式会社

Printed in Japan　　ISBN978-4-87750-202-7 C0016

乱丁本・落丁本は、弊協議会出版部あてにお送りください
弊協議会送料負担にてお取り替えいたします